Test Pattern

Plate 1

Test Pattern

Plate 3

Test Pattern

Plate 4

Test Pattern

Plate 5

Test Pattern

Plate 6

Test Pattern

Plate 7

Test Pattern

Plate 8

Test Pattern

Plate 10

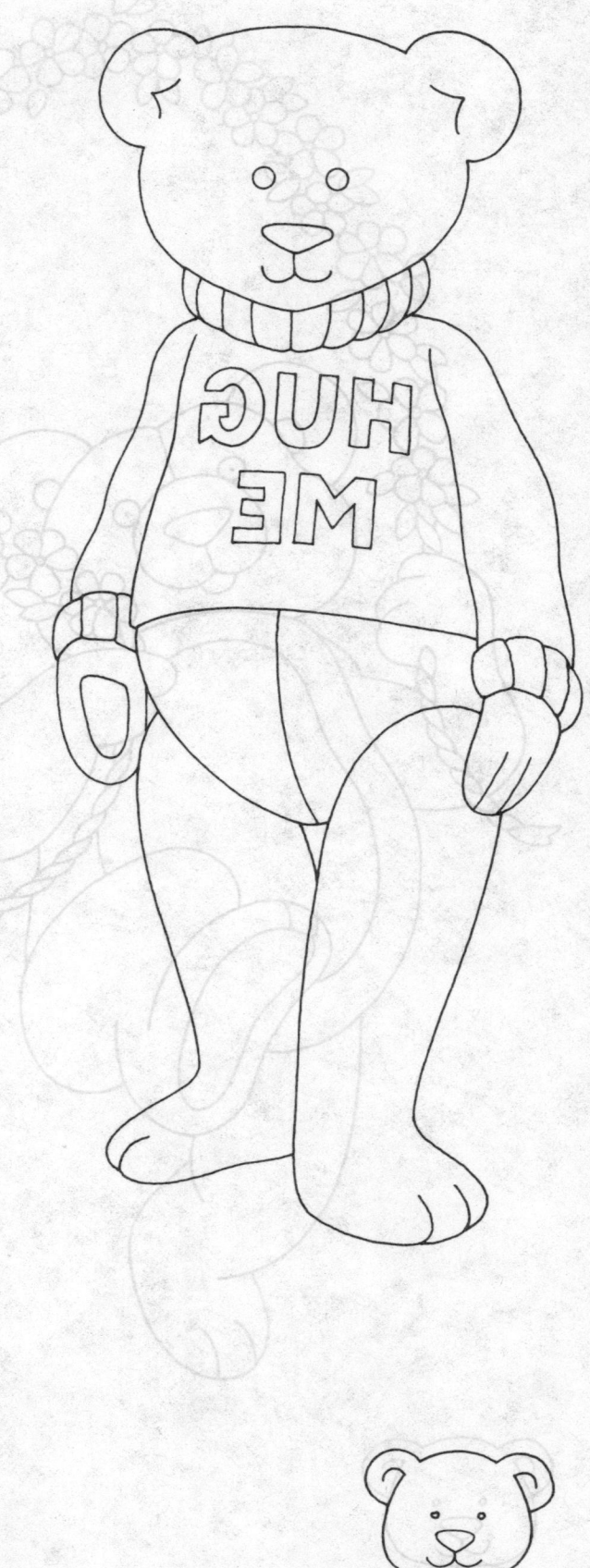

Test Pattern

Plate 11

Test Pattern

Plate 12

Test Pattern

Plate 13

Test Pattern

Plate 14

Test Pattern

Plate 15

Plate 17

Test Pattern

Plate 18

Test Pattern

Plate 19

Plate 19

Test Pattern

Plate 20

Test Pattern

Plate 20

Test Pattern

Plate 21

Plate 21

Test Pattern

Plate 22

Test Pattern

Plate 23

Plate 28

Test Pattern

Plate 24

Plate 24

Test Pattern